アンネ・フランク・ハウス[編]
メノー・メッツェラー＋ピット・ファン・レダン[著]
ハック・スキャリー[画]
小林エリカ[訳] 石岡史子[日本語版監修]

アンネのこと、すべて

アンネの人生のこと、これまで寄せられた
たくさんの質問（しつもん）とその答えを、
ここにお伝えします

目次

2 誕生日（たんじょうび）パーティ　プロローグ
　1939

4 ドイツ人の女の子
　1929-1934

8 新しい国
　1934-1940

12 戦争！
　1940-1942

19 隠（かく）れる
　1942-1944

30 アンネの死
　1944-1945

35 オットーの帰還（きかん）と、
　アンネの日記
　1945-

39 アンネの友だち　エピローグ

アンネ（左から2番め）10歳の誕生日パーティの日、友だちと一緒に　1939年6月12日

1939年6月12日

誕生日パーティ
プロローグ

　きょうはアンネ・フランクの誕生日！10歳です。誕生日パーティには、8人の友だちを招待しました。ルシー・ファン・ダイク、アンネ、サンネ・レーデルマン、ハンナ・ホスラー、ユールチェ・ケーテラッペル、キティ・エヘディ、マリー・ボス、イーチェ・スウィレンス、マルタ・ファン・デン・ベルフ。みんな笑顔でポーズをきめました。1939年6月12日。アムステルダムには太陽がきらめいています。

　サンネとハンナは、アンネの大親友。ずっと小さかったころからの仲よしです。「ほらまた、アンネ、サンネ、ハンナだネ！」通りを歩くとみんなに声をかけられるほど。3人とも、ドイツからここオランダのアムステルダムへやってきました。サンネとハンナはドイツのベルリンから、アンネはフランクフルト・アム・マインから。

　ケーキを食べて、レモネードを飲んで、たくさんのプレゼントをもらったあとは、いすとりゲームです。アンネたちは外へかけだし、ゲームをして遊び続けました。勝った子には賞品もあります。なんて気持ちのよいお天気でしょう。

　アンネの父オットー・フランクは、このパーティのために、月曜日の午後は仕事をお休みしました。そして、メルヴェデ広場にある家の前の歩道で、この写真を撮りました。

　オットーは、ジャムをつくるときに使うペクチンを売る会社を経営していました。というわけでおみやげは、みんなにジャムを1びんずつ。数日後には、記念に写真も贈られました。裏には、アンネがていねいな字でこう書きました。
「アンネ・フランクの誕生日パーティにて
　1939年6月12日」

　ここに9人の女の子たちが並んでいます。第二次世界大戦が始まる前、これが、最後のアンネの誕生日パーティになりました。このうち3人の女の子たちが、戦争を生きのびることができませんでした。ユダヤ人だったからです。アンネ・フランクはそのうちのひとりです。

　これはアンネのお話です。

ドイツ人の女の子

1929年6月12日

あたたかな水曜日、アンネ・フランクは生まれました。父オットー、母エーディトのふたりめの娘です。姉のマルゴーは3歳年上。母は育児日記にこう書きました
「アネリーゼ・マリーが生まれたのは、1929年6月12日午前7時30分」

2日後、マルゴーがフランク家のアリーセおばあちゃんと病院へやってきました。生まれたばかりのアンネに会いにきたのです。「マルゴーは大喜び」母はそう書いています。

アンネが母と一緒に、いよいよ家へもどることになったのは6月末。フランク一家が住んでいたのはドイツ、フランクフルト郊外の大きな家のワンフロア。アリーセおばあちゃんは同じ街の中心に住んでいました。

近所の子どもたちもみんな、赤ちゃんのアンネを見たくて集まってきました。

母の兄ユーリウスとヴァルター・ホーレンダーがやってきたのは7月で、その数週間後からアンネと母は、母の母であるホーレンダー家のローザおばあちゃんの家ですごしました。おばあちゃんたちが住んでいたのは、ドイツ、オランダ国境近くのアーヘンの街です。

マルゴーとアンネのベビーシッターは、12歳

オットーとエーディト。結婚式に出席したフランク家、ホーレンダー家の人たちと招待客
1925年5月12日
オットー36歳の誕生日でもあった

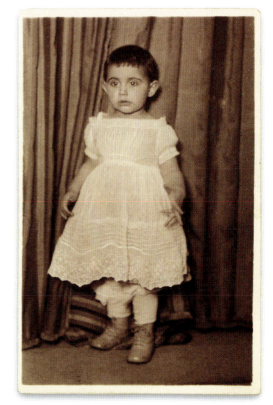

マルゴー　1927年12月

のゲルトルード・ナウマン。近所に住んでいたので、一緒にゲームで遊んだり、本を読んでくれたりしました。

乳母のカーティ・シュティルゲンバウアーもいました。カーティによれば、姉妹はまったくちがうタイプだったそう。マルゴーはいつだって小さなお姫様みたい。一方アンネは、バルコニーの水たまりに座りこんではしゃぐような子だったとか。カーティがアンネの服を日に2度も着がえさせなければいけないこともしょっちゅうでした。

母は家のことや子どもの世話をし、父は銀行で働きました。父の父が創設したフランク家の銀行です。フランク家は、16世紀から代々フランクフルトに住むユダヤ系ドイツ人でした。

幸せなときでした。一家は心地の良い家に暮らし、子どもたちには一緒に遊ぶことのできるたくさんの友だちがいました。しかし、アンネが生きるその世界は嵐のただなかにあったのです。

嵐の始まり

ドイツは第一次世界大戦（1914-1918）に負けました。戦勝国へ領土を渡し、ほかの国々へ巨額の賠償金を支払わなくてはなりません。

さらに悪いことには1929年10月末、ニューヨーク株式取引所で株価が大暴落したのです。世界じゅうで経済恐慌が巻きおこりました。株の価値が突然なくなり、おおぜいがお金をみんな失うことになったのです。ドイツでも何百万もの人たちが仕事を失い、生活は困窮しました。

こんなふうに状況が悪くなると、理由もなしにそれをだれかのせいにする人たちがあらわれるものです。それはどんな国でもおきることです。ドイツでも多くの人が、この戦争に負けたのもこの経済恐慌もみんなユダヤ人のせいだ、と考えるようになりました。

オットーとマルゴーとアンネ
1931年8月

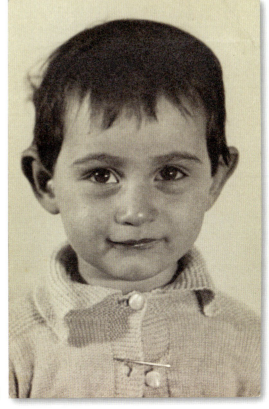

アンネ　1931年5月

たなびく鉤十字旗

　ユダヤ人を責める政党までありました。国民社会主義ドイツ労働者党（NSDAP）、通称ナチ党。党のリーダーはアドルフ・ヒトラー。ナチ党は、こんなことを宣言していました。
・ユダヤ系ドイツ人はドイツ国民とは認めない。
・ユダヤ人は外国人旅行客として以外、
　ドイツに滞在してはならない。
・ユダヤ人が公務員や教師の
　仕事に就くことを禁止する。
・食糧難になった場合には、
　ユダヤ人と全ての外国人は国外へ追放する。
　ナチは国境を封鎖し、ドイツ人以外を入国させないことまで望んでいたのです。
　1929年、ナチ党の支持者はまだ少しでした。しかし3年後、ナチ党は選挙で勝ちます。3人に1人の有権者がヒトラーのナチ党に投票したのです。1933年1月にはアドルフ・ヒトラーがドイツ政府を率いることになりました。
　ナチには、独自の軍隊のような突撃隊（SA）がありました。突撃隊は茶色の制服を着て、ユダヤ人を挑発するような軍歌を歌い、街じゅうを行進してまわりました。政治的に対立する共産主義者や社会民主主義者とも、しょっちゅうすさまじいけんかをくり広げました。
　また、政治的に対立する人たちをダッハウなどの強制収容所へ送りこみ、何百人も殺しました。そうしてヒトラーとナチ党は、ドイツを少しずつ独裁体制にしていったのです。
　ナチのシンボルである鉤十字の旗が初めてたなびいたのは、1933年3月。フランクフルトの市庁舎です。翌4月1日、ドイツ全土で突撃隊のメンバーが、ユダヤ人の店へおし入りました。銀行、店、デパート、弁護士事務所、ユダヤ人医師の診療所へもふみこみ、プラカードをかか

マルゴー7歳とアンネ4歳
アーヘンにて　1933年10月

エーディトとアンネとマルゴー
ティーツデパートの自動写真機で撮影
体重は3人で合計約110キロ
1933年3月10日

げます。「ドイツ国民よ！　ユダヤ人からものを買うな！」

その年の5月、ヒトラーの支持者たちは、何千冊もの本を燃やしました。フランクフルトやドイツのほかの都市で、ユダヤ人や「ドイツ的ではない」人の書いた本が焼かれたのです。言論の自由もなくなりました。その夏から全てのほかの政党は禁止され、ただひとつになりました。ナチ党だけです。

さようなら　ドイツ

オットーとエーディトはドイツをはなれたいと考えました。ヒトラーとその支持者たちは脅威でしたし、フランク家の銀行の経営もうまくいっていなかったからです。そこで、オットーは義理の弟エーリヒの助けをかり、オランダで新たな事業を始めることにしました。ジャムをつくるときに使うペクチンを売る仕事です。

1933年の夏、オットーはドイツを去り、オランダ、アムステルダムの街の中心に小さな事務所をかまえました。その街のことは、少しだけ知っていました。1924年にフランク家の銀行の支店が設立されていたからです。

エーディト、マルゴーとアンネは、9月末からアーヘンのローザおばあちゃんの家ですごしました。11月には、エーディトが、南アムステルダム地区の新興住宅地メルヴェデ広場にちょうどよい家を見つけました。フランクフルトの家よりは小さいけれど、明るくてあたたかな雰囲気のある家です。

クリスマスの少し前、マルゴーは伯父のユーリウスとヴァルターに連れられ、アムステルダムへ行きました。1934年1月4日からは、新しい学校へ通い始めます。アンネがアムステルダムへ行くのは、2月半ばのこと。

新しい国での、アンネの人生が始まります。

オットーの会社ではジャムをゼリー状にするための原料、オペクタと呼ばれるペクチンを販売していた。会社の住所は1940年12月からプリンセン運河通り263番地

オペクタ商会の広告ポスター

新しい国

オランダで暮らす

アンネが待ちに待った学校に通い始めたのは、1934年4月のことでした。モンテッソーリという自由が尊重される幼稚園でしたので、オットーとエーディトは、アンネにぴったりと考えたのです。

メルヴェデ広場周辺には、ますます多くのユダヤ人家族がドイツから逃れ、暮らすようになりました。オットーとエーディトは、ベルリンからやってきたホスラー家やレーデルマン家と仲よくなりました。ハンス・ホスラーとフランツ・レーデルマンは、ユダヤ人たちがドイツから逃れたり、これまでの事業を売ったり新たなビジネスを始める相談にのっていました。アンネは、ハンナ・ホスラー、サンネ・レーデルマンと、友だちになりました。ハンナはアンネと同じ幼稚園、サンネはマルゴーと同じ学校です。

エーディトは、フランクフルトでベビーシッターをしていたゲルトルードにこんな手紙を書いています。「オットーはいそがしくてすっかりやつれてしまいました」「マルゴーとアンネは、あなたに会えないのをとってもさびしがっているの」

6月、アンネは5歳になりました。オランダへやってきて初めての誕生日です。幼稚園でも、友だちと一緒に家でも、パーティをしました。夏休みには、マルゴーとアンネはオランダ北部ザントフォールトの子ども向けホリデーハウスへ2週間

マルゴーとアンネ
ザントフォールト・アーン・ゼーにて
1934年夏

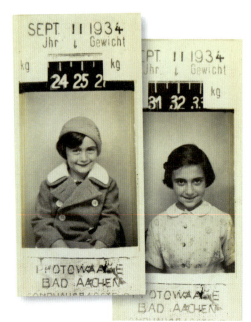

アンネ5歳
1934年9月11日
マルゴー8歳
1934年9月11日

左から友だちのエファ・ホルトベルフ、
サンネ・レーデルマン、アンネ
メルヴェデ広場にて　1936年8月

出かけてゆきました。そこでふたりは初めて海を見たのです！　夏休みが終わると、マルゴーは3年生に進級し、アンネはもう1年幼稚園に通います。ふたりとも、オランダ語をとても上手に話せるようになっていました。

そのころドイツでは

オットーとエーディトは、ドイツに残るエーディトの母、兄ユーリウスとヴァルターのことが心配でした。オットーの親族は、すでに全員ドイツをはなれていました。オットーの兄ローベルトはロンドンへ、弟のヘルベルトはパリへ。妹のレーニは夫のエーリヒとむすこシュテファン、ベルントとともにスイスのバーゼルへ。1933年にはアリーセおばあちゃんも、バーゼルへ一緒に移り住んでいました。

ドイツでは、ユダヤ人の公務員や教師は仕事をやめさせられました。「ユダヤ人は立入禁止」の看板が公園やプールなどに立てられ、街や村へ続く道には「ユダヤ人は来るな」「ユダヤ人はじゃまだ」という大きな垂れ幕もかかげられました。ナチは新聞やラジオを使って、ユダヤ人こそが「ドイツの不幸の根源」と宣伝し続けました。そうして人々は、この悪意あるプロパガンダを信じるようになったのです。

1935年9月、ナチは全国民に、それぞれ何人のユダヤ人祖父母がいるか申告するよう義務づけました。ユダヤ人祖父母が3人か4人いる人は「純ユダヤ人」、2人なら「半ユダヤ人」、1人なら「1/4ユダヤ人」と分類しました。ユダヤ人がユダヤ人以外と恋愛をすることも、結婚することも禁止しました。

ドイツを通ってスイスに暮らす親戚を訪ねることも、日ましに危険になっていました。1937年末、アンネは父と一緒にスイス、バーゼルを訪れます。アンネはいとこのベルントとたくさん

レーデルマン一家、バルコニーにて
左からサンネ、母のイルセ、
父のフランツ、姉のバルバラ　1936年

左からハンナ・ホスラー、
アンネ、ドリー・シットルン、
ハンナ・トビィ、バルバラ、
サンネ
メルヴェデ広場のトビィー
家の庭で　1937年

左からミープ・ザントルーシッツ
（1941年7月ヤン・ヒースと結婚）、オットー、ヘンク・ファン・ブゥセコム
オットーの会社の事務所にて
1936年

遊び、大喜び。彼はすばらしいフィギュアスケーターでした。アンネもスケートを習おうと決めました。1938年の初めには、マルゴーとアンネはドイツ、アーヘンのローザおばあちゃんの家ですごしました。その家を訪れるのは、それが最後になりました。

オットーの会社、オペクタ商会は思ったようにはうまくゆかず、ナチによる脅威は以前にもまして深刻でした。オットーは何度かイギリスを訪れ、そこで仕事を始められないか画策しましたがうまくいきません。そんなとき、ヘルマン・ファン・ペルスに出会います。ドイツから家族とともに逃れてきた彼は、ハーブとスパイスのことならなんでも知っていました。オットーは、オペクタ商会の共同経営者ヨハンネス・クレイマンとふたつめの会社ペクタコン社を設立し、ヘルマンをやとうことにしました。香辛料やハーブを調合し販売する会社です。

水晶の夜

1938年11月9日の夜から10日にかけて、ドイツ全土でナチが何百ものユダヤ教の会堂シナゴーグに放火し、何千ものユダヤ人の店を破壊してまわりました。ナチにより100人以上のユダヤ人が殺され、その後30,000人ものユダヤ人の男たちが逮捕されました。そのなかには、エーディトの兄ユーリウスとヴァルターもいました。ユーリウスは、第一次世界大戦中ドイツ軍で戦っていたため釈放されましたが、ヴァルターはザクセンハウゼン強制収容所へ送られてしまいました。このおそろしい事件は、「水晶の夜(クリスタルナハト)」と呼ばれることになります。割られた窓ガラスの破片が、通りのいたるところできらめいたからです。

ヴァルターを助けるため、ユーリウスとオットーは力をつくしました。ようやくかなって釈放され

モンテッソーリ小学校、アンネのクラス写真　1938年

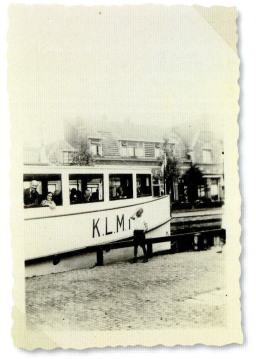

運河の船の窓から顔をだす父とアンネ
1938年

たのは、12月初めのこと。オランダへの入国許可が与えられたのです。ヴァルターはドイツからの難民として、アムステルダムの難民キャンプへたどりつきました。しかし労働許可を得ることができず、警察に見張られ、許可がなければ外へ出ることさえできません。

ローザおばあちゃんがドイツをはなれ、フランク一家のところで暮らすことになったのは、1939年3月。

ユーリウスはアムステルダム経由で4月、なんとかアメリカへ移住することができました。ヴァルターも12月、あとを追いました。けれど土地も財産も何もかもをドイツに残したまま、去らなければなりません。これまでやってきた金属取引の事業も捨て、いちからまた全てをやりなおし。アメリカのボストン近郊へ移り住み、ユーリウスは革製品工場での仕事を、ヴァルターはボール紙工場での単純作業の仕事を見つけました。

せまりくる恐怖

1939年6月12日、アンネの10回めの誕生日です。オランダに暮らし始めて6年め。夏休みのあとアンネはモンテッソーリ小学校5年生、マルゴーは女子中学校2年生になりました。

その年の9月1日、ドイツ軍がポーランドに侵攻しました。フランスとイギリスは、ポーランドとの条約があったのでドイツに宣戦布告。軍隊は送りません。1940年4月、ドイツはさらにデンマークとノルウェーへ侵攻。フランク一家は、戦争のニュースを仔細に追っていました。1940年4月末、マルゴーはアメリカのペンフレンド、ベティ・アン・ワグナーにこう書き送っています。

「私たちはラジオばかり聞いています。あたりは緊張で張りつめています。私たちの国はドイツと国境を接していて、私たちの国は小さくて、私たちは少しも安心できないんです」

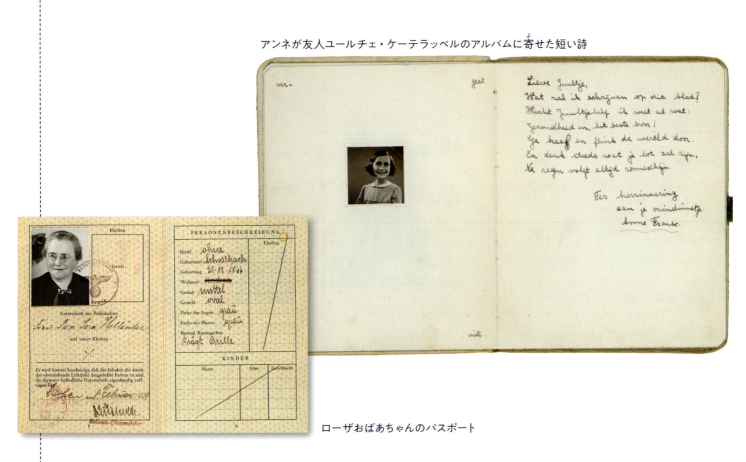

アンネが友人ユールチェ・ケーテラッペルのアルバムに寄せた短い詩

ローザおばあちゃんのパスポート

戦争！

ドイツ軍がやってくる！

　1940年5月10日、フランク一家は大きな爆発音と戦闘機が飛ぶ音でたたきおこされました。スキポール空港が爆撃されているのが見えました。オランダが、ドイツ軍に攻撃されています。戦争です！

　アムステルダムに暮らすユダヤ人たちの間に、パニックが広がりました。車をとばしてエイマイデン港へ行き、船でイギリスへ渡ろうとした人たちもいましたが、ほとんど成功しませんでした。自殺する人までいました。ナチがせまりくるのをただ待つなんて、たえられなかったのです。

　数日後、ウィルヘルミナ女王とオランダ政府はイギリスへ亡命しました。ドイツ軍の飛行機がロッテルダムの中心地を爆撃し、5月14日、ついにオランダは降伏しました。オランダは占領され、いまやナチの支配下になったのです。

　フランク一家の日々の生活は続きます。アンネとマルゴーは、5月20日からまた学校へ通うことができるようになりましたし、一見何も変わりません。しかし6月12日、アンネ11歳の誕生日パーティはありませんでした。だれもお祝いなんてする気持ちになれなかったのです。

　ナチはオランダでも、これまでドイツでやってきたのと同じようにユダヤ人を差別する法律をつくりました。ユダヤ人の公務員や役人は解雇されました。防衛組織の一員になることも、ユダ

アンネ10歳
1940年5月

マルゴー14歳
1940年5月

アンネとモンテッソーリ小学校のホドロン先生とクラスメイト。左からマルタ・ファン・デン・ベルフ、レラ・サロモン　1940年

ヤ教の教えにのっとり食用の動物を殺すことも、禁止されました。

初めのうち、アンネたちへの影響はほとんどありませんでした。しかし10月、全てのユダヤ人の事業主は、ドイツ占領軍へ届け出が必要になりました。オットーは、それはほんの始まりで、いずれ会社は取りあげられるだろうとわかっていました。ドイツでは、ユダヤ人が自分の事業を持つことはすでに禁じられていたからです。

オットーは名案を思いつきました。オペクタ商会とペクタコン社の経営をヨハンネス・クレイマンと、従業員のヴィクトル・クーフレル、ミープの夫ヤン・ヒースの3人に引きついでもらうのです。3人が正式に会社の事業主になりました。ただ、実際には全ての重要なことはオットーと相談します。

その冬、アンネが夢中になったのはフィギュアスケート。新しいスケート靴をもらったことやレッスンのことを、アンネはスイスのいとこたちに熱をこめて書き送りました。「私、どんなときでもひまさえあればアイスリンクにいるんです。(…)レッスンではワルツやジャンプをみんな習いました」

1941年1月、祖父母のうちにひとりでもユダヤ人がいる人は役所への登録が義務づけられました。名前、住所、年齢、出生地、国籍、結婚・離婚歴、職業、宗教、祖父母の何人がユダヤ人か、ドイツで最後に住んでいた場所、全てを記入させられます。そうしてナチは、どこにユダヤ人が住んでいるのかを正確に把握しました。

襲撃

2月に入ると、アムステルダムの街の中心地で、初めて大規模な襲撃（ラツィア）がありました。ドイツ警察が、何百人ものユダヤ人の男たちを逮捕し、マウトハウゼン強制収容所へ送りこみました。その後、残された家族のもとには、連

唯一残るアンネ（左から2番め）がスケートをしている写真。
アムステルダムのフォンデル公園にて
1940年～1941年冬

ヨハンネス・クレイマン（左）と
ヴィクトル・クーフレル
プリンセン運河通り263番地のドア前にて
1950年代前半

れ去られた夫やむすこたちの死亡を知らせる通知だけが届きました。

オットーとエーディトは、アメリカへ逃れることを考え始めました。オットーは、アメリカに住んでいる大学時代の友人ネーサン・ストラウスに助けを求めました。ユーリウスとヴァルター伯父も協力しました。しかしアメリカは、ごくわずかな難民しか受け入れません。ビザやオランダ出国の許可も必要です。それらを手配するためには、たくさんの時間とお金が必要でした。

6月11日、フランク一家の住む地区が襲撃されました。300人あまりのユダヤ人の男たちが逮捕され、強引に連れ去られたのです。フランク一家の友人もいました。アンネ12歳の誕生日前日のことでした。誕生日パーティは、この襲撃とローザおばあちゃんの重い病気のために延期になりました。

夏休み、アンネは友だちのサンネと一緒に2週間をすごします。アムステルダムから少しはなれたベークベルヘンにサンネの親戚の別荘がありました。そこでアンネは卓球を習い、たくさんの本を読みました。雨の日が多かったから。アリーセおばあちゃんにも手紙を送っています。「ベークベルヘンではずっとよく眠れます。ここでは空襲警報や対空砲の音にじゃまされることがないから」

新しい学校

8月、アムステルダム市役所から1通の通知が届きました。夏休み以降、全てのユダヤ人生徒は、ユダヤ人以外の生徒と別の学校に通わなければならない、というものです。マルゴーとアンネは、クラスメイトや先生たちにさよならをいわなくてはなりませんでした。

アムステルダムの学校に通っていた7,000人近くのユダヤ人生徒を受け入れるためには、こ

フランク一家
メルヴェデ広場にて
1941年

アンネとサンネ・レーデルマン
レーデルマン一家の知人の赤ちゃんレイと一緒に
ふたりはよくレイの世話をした
休日、ベークベルヘンにて

れまでのユダヤ人学校だけでは足りません。そうして新しくつくられたユダヤ人学校に、マルゴーとアンネも通うことになりました。学校を始めるにあたっては、あらゆる準備を整えなければなりません。そんなわけで、新学期はようやく10月15日になって始まりました。マルゴーは高校1年生、アンネは中学1年生。

ユダヤ人学校の最初の登校日がやってきました。アンネは友だちのハンナと一緒の学校でしたが、同じクラスではありませんでした。ひとりも新しいクラスメイトを知りません。さみしくて、ひとりぼっちです。アンネは3限めの体育の授業で、先生に思いきってお願いをしてみました。すると先生は、ふたりが次の授業からずっと一緒のクラスになれるようにしてくれました。

1941年12月7日、日本軍の戦闘機がハワイの真珠湾（パールハーバー）を爆撃しました。日本とアメリカの戦争が始まります。日本とナチ・ドイツは同盟国でしたので、ドイツとアメリカの間でも戦争になりました。国境は封鎖。オランダを出国しようとするアンネの両親の望みは、完全についえたのです。

悲しい年の幕開け

1942年は、フランク一家にとって悲しい始まりになりました。1月末、長い間病気だったローザおばあちゃんが死に、ホーフドロープのユダヤ人墓地に埋葬されました。アンネの祖父母は、スイスのバーゼルに住むアリーセおばあちゃんひとりきりになってしまったのです。

アンネはスイスにいる親戚にも、ときおり手紙を書きました。けれど、書きたいことをみんな書くことはできません。なぜなら、郵便はナチに監視されていたからです。1942年4月アンネは手紙にこう書きました。「もうあまりに長いことスケートをすべっていないから、フィギュアスケー

マルゴー（後列左）とシオニスト青年組織マカビー・ハッツァーイールのメンバー
自転車遠足にて　1941年
マルゴーの将来の夢はパレスチナで助産師になることと、アンネは日記に書いた
シオニスト……神が約束した安住の地シオンの丘（パレスチナ）にユダヤ人の国を再建しようとする人たち

左からアンネ、ティネケ・ガツォニデス、サンネ、バルバラ・レーデルマン
ベークベルヘンにて　1941年6月

トで習ったことを全部忘れてしまうんじゃないか心配です」そこに書けなかったのは、実のところスケートは、ユダヤ人には禁止されているのだ、ということです。

アンネは、ユダヤ人学校は好きだと書いていますが、宿題が多すぎることをなげいています。クラスに男の子の方が多いことについても、こんなふう。「初めのうち、私たちは男の子たちとも一緒におしゃべりしたり遊んだりしました。でも、幸い近ごろは、そんなこと、もう、あんまりしなくなりました。だって、男の子たちって、すごくうっとうしいんだもの」

国外へ脱出することは、もはや不可能になりました。そんなとき、ヨハンネス・クレイマンが思いついたのは、隠れ場所をつくってそこで戦争が終わるのを待つ、というアイディアでした。オットーの会社がある建物の一部、裏の別棟が空き家でしたので、ちょうどよさそうです。表通りからも見えません。オットーとエーディトは、そこを《隠れ家》に決めました。ヘルマン・ファン・ペルス一家も一緒です。2家族で十分なほどの広さもありました。あとは、ナチに見つからないことを祈るばかりです。

オットーと、ヘルマン、ヨハンネスは、裏の別棟の3階と4階を《隠れ家》として少しずつ整えてゆきました。フランク一家の家具、食料品や荷物は、ヨハンネスのアパートを経由して、夕方や週末にかけて隠れ場所へ運びこまれます。だれにも気づかれないよう注意深く。

オットーは、従業員のヴィクトル・クーフレル、ミープ・ヒース、ベップ・フォスキュイルに、もしも隠れなければならなくなったときには協力してもらえるかどうかをたずねました。3人は、協力することを約束しました。ユダヤ人を助ければ、どれほどおそろしい罰が下されるか知っていたにもかかわらず、です。

ミープとヤン
結婚式の日に　1941年7月16日

アンネ（右から3番め）
ミープとヤンの結婚式の招待客と一緒に
1941年7月16日

日記帳

1942年6月12日金曜日、アンネは13歳になりました。プレゼントには、彼女がずっと欲しくてたまらなかったもの、そうです、日記帳をもらいました。今年ばかりはアンネはちょっぴりあまやかされました。というのも、11歳も12歳のときも誕生日をお祝いしてもらえなかったから。

ヘルムート・シルバーベルグは6輪の愛らしいカーネーションをプレゼントしてくれました。みんなからヘローと呼ばれている彼とアンネは、学校はちがいましたが、近所の女の子をとおして知りあいになりました。ヘローはもう16歳。やはりドイツからやってきた子でした。アンネは彼のことが好きでした。ふたりでよく、近くのアイスクリームパーラー、デルフィやオアシスへ行きました。ユダヤ人は、ユダヤ人の店にしか行くことが許されません。ほかの多くの店先には「ユダヤ人立入禁止」とありました。

誕生日のあとから、アンネは夢中になって日記を書き始めました。自分の人生について手短に述べたり、クラスメイトのことを短文で評したり。彼女はためらうことなく本心を書きました。

7月3日金曜日、全ての生徒と先生がユダヤ人劇場に集まり、通知表が手渡されました。アンネは代数学はいまいちでしたが、ほかはまずまずの成績でした。夏休みの始まりです。

呼びだし状

日曜日の朝、ヘローがアンネに会いにやってきました。ふたりはバルコニーに座っておしゃべりしました。あたたかくて気持ちの良い日です。帰りぎわ、ヘローは午後にはまたもどってくると約束し、アンネがひとりバルコニーで本を読んでいた午後3時。ドアのベルが鳴りました。

母はドアを開け、とたんにふるえあがりまし

アンネ12歳
ユダヤ人学校にて
1941年12月

マルゴー15歳
ユダヤ人学校にて
1941年12月

た。警察官がやってきたのです！　1枚のハガキがさしだされました。呼びだし状です。

すぐに、母はヘルマン・ファン・ペルスのところへ行き、もどると、玄関のドアにしっかりかぎをかけました。

呼びだし状はマルゴーに届けられたものでした。それを知ったアンネは、いっぺんに泣きだしました。マルゴーは本当にあのおそろしい収容所へ働きに行かなければいけないの？　ひとりぼっちで？　まだ16歳なのに！　母は泣きじゃくるアンネを落ち着かせ、いいました。明日にはみんなでここをはなれる、そのための準備はもうすっかりできているから。

そのときです、もう一度ドアのベルが鳴りました。きっとヘローです。けれど玄関のドアは閉じられたままでした。それからすぐに電話が鳴りました。アンネは電話にでることは許されました。友だちのジャクリーヌ・ファン・マールセンです。ふたりは少しおしゃべりをしました。けれどアンネは、マルゴーに届いた呼びだし状のことは、何ひとつ話せませんでした。

父は、午後5時に帰ってきました。話を聞くとすぐヨハンネスに電話をして、ここに来てくれるようにたのみました。ヘルマンは、ミープとヤンのところへ行き、手助けをたのみました。その日の夜遅くまで、フランク家には出入りが続きました。隠れ場所へ、できるだけ多くの品物を運びこむためです。マルゴーとアンネも、身のまわりのものをかき集めました。いちばんに入れたのは日記帳。それから古い手紙、教科書、ヘア・カーラー、ハンカチ、くし………。

ようやくベッドに入ったのは夜11時半。隠れ場所は、いったいどこかしら？　疲れはてたアンネは、すぐに眠りに落ちました。

アンネが自分のベッドで眠るのは、それが最後になりました。

アンネは13歳の誕生日パーティにユダヤ人学校のクラスメイト全員を招待し、映画「名犬リンチンチン　灯台守」の上映会をした。オットーはオペクタ商会の宣伝フィルムも披露。映画館も「ユダヤ人立入禁止」だったため、子どもたちがリンチンチンの冒険を映画館で見ることはかなわなかった

秘密会議

■ 1942年1月20日、ナチの高官15人がベルリン郊外、ヴァンゼー湖畔の邸宅に集まり、秘密会議を開きました。ヨーロッパに暮らす全てのユダヤ人をどうやって殺すかを話しあったのです。

東ヨーロッパに絶滅収容所や強制収容所をつくり、そこへユダヤ人を列車で運ぶことを決めました。そこで、すぐさま殺したり、重労働を強いて死に追いやるのです。

この会議の記録が残っています。このリストは、ヨーロッパの国々にそれぞれ何人のユダヤ人が住んでいるかを示すものです。ヨーロッパにいるユダヤ人の合計は11,000,000人。そのうち160,000人が、オランダにいました。

Land	Zahl
A. Altreich	131.800
Ostmark	43.700
Ostgebiete	420.000
Generalgouvernement	2.284.000
Bialystok	400.000
Protektorat Böhmen und Mähren	74.200
Estland - judenfrei -	
Lettland	3.500
Litauen	34.000
Belgien	43.000
Dänemark	5.600
Frankreich / Besetztes Gebiet	165.000
Unbesetztes Gebiet	700.000
Griechenland	69.600
Niederlande	160.800
Norwegen	1.300
B. Bulgarien	48.000
England	330.000
Finnland	2.300
Irland	4.000
Italien einschl. Sardinien	58.000
Albanien	200
Kroatien	40.000
Portugal	3.000
Rumänien einschl. Bessarabien	342.000
Schweden	8.000
Schweiz	18.000
Serbien	10.000
Slowakei	88.000
Spanien	6.000
Türkei (europ. Teil)	55.500
Ungarn	742.800
UdSSR	5.000.000
Ukraine 2.994.684	
Weißrußland ausschl. Bialystok 446.484	
Zusammen: über	11.000.000

■ 1942年7月5日、日曜日の午後、ヘロー・シルバーベルグはフランク一家が暮らす家の玄関のベルを鳴らしました。アンネを訪ねる約束をしていたからです。けれど、ドアをだれも開けてはくれませんでした。戦後、ヘローはインタビューでそのときのことを話しています。
「とっても、がっかりしたんだ。それに、いったい何がおきたんだろうって思ったよ。翌日も、もういちど訪ねて行って何度か玄関のベルを鳴らしてみたんだけれど、ドアは閉じられたままだった」

ヘロー・シルバーベルグ
Hello Silberberg
出典：Anne Frank Magazine, Anne Frank House, 1998

「とっても、がっかりしたんだ」

ヘロー（ヘルムート）・シルバーベルグのパスポート写真　1942年

プリンセン運河通り263番地

■ 1949年の航空写真。白く囲んだ建物がオットーの会社のある建物。運河に面している方が表。奥の屋根が見える方が隠れ場所となった裏の別棟です。

オットーの会社 表／裏

■ 表から見た建物…左どなりは家具職人の店。右どなりはお茶と食糧を売る店。

■ 裏から見た建物…3階と4階、屋根裏が《隠れ家》。アンネは屋根裏にある窓から外をながめました。

隠れる

《隠れ家》へ
プリンセン運河通り263番地

翌朝5時半、アンネは母に起こされました。それからできるかぎりたくさんの服を着こみます。目立つのでスーツケースを持ってはいけません。アンネが身につけたのは、2枚の肌着、2枚のストッキング、スカートにワンピース……おかげで暑いくらい。湿っぽいうえに、外は雨です。

アンネの黒猫モールチェは、一緒に連れてはいけません。アンネは世話をたのむ置き手紙をしました。母はマーストリヒトの住所を書いたメモを残しました。一家がマーストリヒト経由でスイスに逃れたと考えてくれたらいい、と願ったのです。

ミープが、7時半にやってきました。マルゴーはジャケットから黄色いダビデの星をはずします。それからミープと一緒に、ユダヤ人には禁止されている自転車で出発しました。父と母とアンネは徒歩で追いかけます。できるかぎりのものをつめこんだ鞄を持って。雨のなかを進んでゆきます。

どうか、途中でつかまりませんように……。

どこへ向かっているのか、アンネは歩きだすまで、知らされていませんでした。まさか、その隠れ場所が、父の会社だなんて！ 1時間歩き

1942年7月6日月曜日7時半すぎ、アンネたちは隠れ場所へ向かった。黒猫モールチェに二度と会うことはなかった

1942－1944

続け、ようやく着きました。ミープがドアを開けてくれました。3人とも雨と汗でびしょぬれです。せまい階段をのぼり《隠れ家》へ向かいます。緊張しきった様子のマルゴーが待っていました。みんな、心から安堵しました。全員無事にたどりつくことができたのです。

《隠れ家》は、家具や食料品、たくさんの荷物であふれかえっていました。マルゴーに届いた呼びだし状のために、計画が10日も早まったためです。初めの数日間は、片づけと部屋を整えるのにかかりきりになりました。

アンネは、父とカーテンをつくりました。近所からここが見えないようにするためです。とくべつおしゃれでもない、布きれをぬい合わせただけのものができあがりました。

しばらくの間、アンネは日記を書く時間さえありませんでした。ここへやってきたあの日を境に、人生は完全に変わってしまったのです。先週までは、学校へ通っていたのに。午後には、ヘローや友だちと一緒だったのに。夏休みを心待ちにしていたのに。いまやアンネは、この建物のなかから一歩も外へ出ることができません。

いったいどれくらい、ここにいることになるのでしょう？

《隠れ家》の人々

《隠れ家》にファン・ペルス一家がやってきたのは7月13日のことでした。ヘルマンと妻のアウグステ、むすこのペーターです。アンネは、13歳の誕生日にチョコレートを届けてくれたペーターのことは知っていましたが、少しも好みのタイプではありません。はずかしがり屋でたいくつそう。そのうえ、ペーターの猫ムッシーを見るたび、モールチェが恋しくてしかたありません。

アンネは友だちのジャクリーヌにお別れの手紙を書きました。どちらかが突然、どこかへ行

ミープ・ヒースが《隠れ家》の共同のリビングルームとキッチンへの階段をのぼる。それをながめるペーターの猫ムッシー

フリッツ・プフェファーがやってきてから、マルゴーは両親と同じ部屋を使わなければならなかった

かなくてはいけなくなったら、きっと手紙を送りあおうと約束していたのです。けれど父は、手紙を送らせてはくれませんでした。あまりにも危険すぎるからです。そこでアンネはジャクリーヌから返事が届いたことを空想して、日記のなかでだけ、その返事を書きました。

アンネは、大好きな作家シシー・ファン・マルクスフェルトの本を、読めるものはみんな読んでしまいました。ヨープ・テル・ヒュールとその友だちの物語です。アンネは日記のなかで、物語の登場人物たちにあてた手紙を書き始め、やがて、そのうちのひとり、キティーを選びました。そうしてアンネは、日記を親愛なるキティーへあてて、書くようになったのです。

書くことは、アンネにとって唯一の、自由を手にする方法でした。アンネは、まわりの大人たちがみんな、彼女を子ども扱いすることにいらだっていました。ドアを思いきり閉めることも、足をふみ鳴らすことも、外へ出ることさえできないのです。

アンネは日記に、外の世界のできごとも書いています。アムステルダムではますます多くのユダヤ人が呼びだされていると、手助けしている人たちが話してくれました。拒めばたいてい夜中にナチがやってきて連行されてしまい、オランダ警察までそれに協力しているというのです。アンネのクラスメイト、ベティ・ブルーメンダールも連行されたと、ベップが教えてくれました。アンネは心配で胸がはりさけそうでした。あの子は、いったいどうなってしまうんだろう？

外の世界を知るもうひとつの方法は、ラジオです。みんなでこっそり2階の事務所へ行き、ニュースを聞くのです。初めて階下へおりたときには、アンネはおそろしくて、ふるえあがりました。だって、もしも、近所の人に物音を聞かれてしまったらどうするの！　けれど、ほんの短い

《隠れ家》の外の世界でおきている最新のニュースを話すヴィクトル・クーフレル

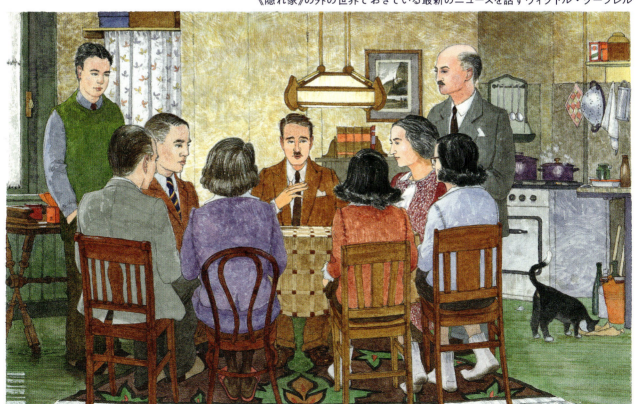

間だけでもせまくてきゅうくつな日常から解放されるひとときでもありました。

9月になり、《隠れ家》にもうひとり加わることはできないか、とミープが相談をもちかけました。それはフリッツ・プフェファーで、みんなの知りあいでした。全員一致で彼をむかえることにしました。

1942年11月17日、フリッツ・プフェファーがきました。《隠れ家》へやってきた8番めの人です。マルゴーは両親の部屋へ移り、フリッツはアンネと一緒の部屋に入ることになりました。オットーには、それがいちばん良いと思えたのです。アンネは新しいルームメイトを歓迎しましたが、やがて、ひどくいらいらさせられることに気づきました。彼は、アンネのふるまいにいちいち文句をつけ、母に告げ口するのです。アンネは本気で彼が苦痛でした。

幸い《隠れ家》には楽しいときもありました。12月初めには、聖ニコラウスの祭日、クリスマスをお祝いしたのです。それは、ユダヤ人の8人にとっては人生初めてのこと。

《隠れ家》のルール

このせまい場所で正気を保ち続けるには、みんな日々きちんとスケジュールを守って暮らしてゆくことが大切だと、わかっていました。安全のための厳しいルールもありました。《隠れ家》の下、会社の倉庫で働く人たちは、何も知りません。倉庫で働く人たちが仕事を始める朝の時間は、特に危険でした。注意して静かにし、トイレを使うのも禁止。30分後、手助けしている人たちが事務所にやってきてからは、ようやくときどきはトイレを使うことができました。倉庫で働く人たちは、その排水音を事務所のトイレのものだと思うでしょうから。

《隠れ家》の人たちは、日中はスリッパで歩き、

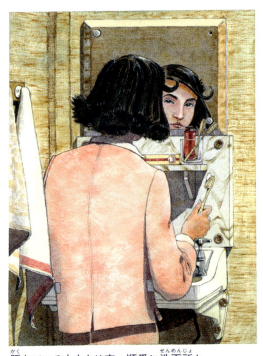

隠れている人たちは夜、順番に洗面所とトイレを使う。アンネの時間は9時から9時半までの間

トイレは2か所にあった。ひとつは3階の隠れ場所に、もうひとつは2階の事務所にある従業員用のもの。トイレの排水管はむきだしのまま、さらに下の倉庫へまっすぐにのびていた

とても小さな声で話さなければなりません。お昼休み、倉庫で働く人たちがしばし家へもどると、ほっとします。ときどきは、手助けしている人たちが《隠れ家》へやってきて、一緒にお昼を食べたりおしゃべりしていくこともありました。

必要なものは、手助けしている人たちがどんなものでも手に入れてくれました。8人分の食料というのはかなりの量です。地元のパン屋、肉屋、八百屋など、信頼できる店主が知りあいだったことは、幸いでした。

暗い冬はゆっくりとすぎ、春がきました。1943年6月12日、アンネは14歳になりました。一歩も外へ出ないまま、ほぼ1年がたちました。アンネはたくさんのお菓子とギリシャとローマの神話についての分厚い本をプレゼントにもらいました。

アンネにとって《隠れ家》での人生は、苦しいものでした。ローザおばあちゃんももういない、ハンナがどうしているかもわからない。ほかの友だちも、強制収容所へ連れていかれたかもしれない……なのにそれを助けることができないなんて。アンネは、ただ祈ることしかできないのです。神を信じることは、心の安らぎと支えでした。

初めてのキス

アンネはキティーにあてて日記を書きましたが、本当は実際だれかと心のうちを話しあいたいのでした。ペーターはどう？ 彼女は夕方、彼の部屋を訪ねてみました。ほどなくして、ふたりは、何もかも話しあえるようになりました。両親のこと、将来の夢、恋のこと。アンネはこのたいくつな男の子とこんなにもうまくやれるなんて、思ってもみなかったのでした。

ペーターとアンネは恋に落ちました。ある夕方、ペーターの部屋で寄りそってこしかけていたとき、ふたりは初めてのキスをしました。アン

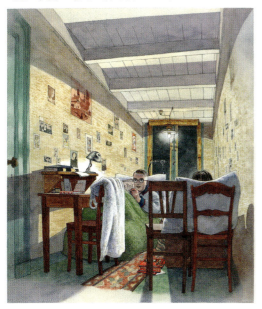

戦後、チリへ移住しようとスペイン語の勉強をしていたフリッツは、部屋の机をめぐり、アンネと大げんかに。オットーの仲裁により、アンネは1週間に2度、午後の時間は机を使えるようになった

アンネはときおり、事務所のカーテンのすきまから外の様子をのぞき見た

ネにとっては、本当に初めてのキスです！ それから何週間か、ふたりは屋根裏で多くの時間を一緒にすごしました。そこではずっと自由になれるような気がしたからです。アンネはペーターの腕のなかに身をまかせ、こんなに心地よいことはないと思うのでした。けれど、とまどうこともありました。こんなのあんまり急すぎない？ 両親はなんて思うだろう？

アンネは父のことを信頼していました。けれど、この恋のことは話しませんでした。はじめ父はそれを問題だとは思いませんでしたが、しだいにアンネとペーターがすごす時間を少なくするべきだと考えるようになりました。もしもふたりがひどいけんかをしたらどうするんだ。《隠れ家》での生活は、ただでさえ難しいのに。

アンネはそれを聞き入れず、ペーターのところへ通い続けました。父はそのことをしかり、アンネは激怒しました。彼女は父に長い手紙を書きました。まるで小さい子どもみたいに扱わないで！ 自分はもう十分に大人なのだから。なのに、父も母もそれを理解し、手をさしのべようとしてくれない。

父はその手紙にとても傷つき、アンネと深く話しあいました。アンネは自分があまりにもいいすぎてしまったことに気づき、深くはじいりました。

いちばんの夢

1944年の春、イギリスにあるオランダ亡命政府のラジオ局「ラジオ・オラーニェ」の放送が、戦争が終わったあかつきには、日記、手紙、文書などが収集されることになるだろう、と伝えました。戦争中に人々が苦しんだつらい経験の記録を後世に引きつごうというのです。それを聞いた《隠れ家》の人たちはすぐさまアンネの日記のことを想い、アンネ自身は思いつくことがあ

屋根裏の窓からアンネはよく外をのぞき、大きなマロニエの木や空や小鳥たちをながめた

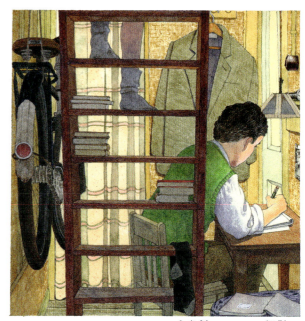

ペーターの部屋には、屋根裏につながる階段があったので、アンネはそこを「通路も兼ねた小さな部屋」と呼んだ。ひそかにアンネは、自分だけの部屋があるペーターがうらやましかった

りました。5月、アンネは《隠れ家》での体験を本にしようと決めます。

アンネは本のために、日記に詳細を書きこんでいきました。あまりにプライベートな箇所や、うまく書けていない部分はけずりました。アンネのいちばんの夢は、戦後、ジャーナリストか有名な作家になること。

そうするうちに、ペーターとは心の距離を置くようになりました。彼は、アンネがあこがれていたようなボーイフレンドになってはくれなかったのです。心の奥深くにある考えや感情を話しあいたかったのに、彼とはそんなふうにいきませんでした。

1944年6月6日、すばらしいニュースが届きました。何千人もの連合軍の兵士たちが、イギリスから船でフランスの海岸へ上陸したというのです。マルゴーはいいました。10月には学校へもどることができるかもしれない。夢みたい！

日記のなかでアンネは、より自分自身を見つめるようになってきました。彼女は、自分がどんな人間になりたいか、はっきりとわかっていたのです。けれど、そんな思いどおりにはできないのでした。

密告

1944年8月4日金曜日、隠れている人たちはいつものように朝食をとり、静かな時間をすごしていました。突然、大きな足音と激しい物音が聞こえました。《隠れ家》への入り口、本棚がおし開けられます。

ピストルをふりかざした3人の男たちが、ヴィクトルのうしろから、寝室へ入ってきました。そのうちのひとりはドイツ警察(SD)の制服を着ています。残るふたりの男はオランダの私服警察官のように見えました。エーディトは青ざめ、マルゴーは静かに泣きだしました。アンネとフリッ

1944年6月6日、連合軍がフランスに上陸して以来、《隠れ家》の人たちは、その進軍を追跡しピンで印をつけた。東からソ連軍、西からはアメリカ、イギリス、カナダとその他の連合軍がやってきて、ドイツを両側から攻撃していた

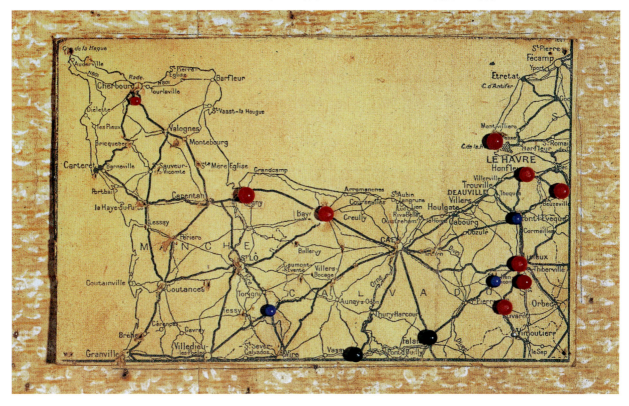

1942－1944

ツ・プフェファーが部屋から出てきます。みんな見つかってしまったのです！

「貴重品はどこだ？」ドイツ警察の男がドイツ語でたずねます。オットーが場所を教えました。男は書類鞄をつかむと、中身を床にぶちまけました。アンネが日記をしまっていた書類鞄です。紙が床に落ちて散らばってゆきます。日記が！これまで書いてきた全てのものが！

しかし男は、アンネの日記のことなどまったく気にとめず、空になった書類鞄に宝石や金をつめこみました。

「荷物を持って、5分で全員ここへもどってこい」男は命令しました。打ちのめされたアンネたちは、それぞれ荷づくりを始めました。ドイツ警察の男はあたりを見まわし、灰色のトランクを見つけました。それはドイツ軍のもので、オットーの名前と軍隊の階級「中尉」と書かれています。「どうやってこれを手に入れた？」男が問いただすと、オットーは「かつて私はドイツ軍の将校でした……」と答えました。ドイツ警察の男は、驚きました。このユダヤ人が、第一次世界大戦ではドイツの兵士として戦っていた！そのうえ、将校だったなんて！

ふたりは話を始めます。ドイツ警察の男の名前はカール・ヨーゼフ・ジルバーバウアー。はじめジルバーバウアーは、この《隠れ家》に2年以上いたというオットーの話を信じませんでした。そこでオットーは、壁の前にアンネを立たせ、ここにいる間どれほど彼女の背がのびたか、成長の印を示してみせました。

オランダの警察官は、大きな車を手配しました。そもそもこんな大人数で隠れているとは見こんでいなかったからです。車が到着すると、1列になって階段をおりるよう、命じられました。隠れてから761日め。それは、アンネが初めて外へ出た瞬間になりました。夏の日です。

逮捕のあと、アンネの日記帳と日記が書かれた紙は隠れ場所の床にばらまかれていた。ミープとベップが、それを見つけた

ミープとベップは逮捕されませんでした。男たちが建物に入ってきたとき、ヨハンネスはすぐさまベップに用事をいいつけてにがし、ミープには何も知らないふりをするようにいったのです。

隠れていた8人と、手助けしていた2人が、警察の車に乗せられました。ヨハンネスとヴィクトルまで逮捕されてしまったことに、オットーはおののきました。ユダヤ人を手助けすれば、厳しく罰せられるのです。ヨハンネスはしかし、彼にきっぱりいいました。「これは、私が選んだこと。私は後悔していません」

翌日、隠れていた人たちは拘置所へ、手助けしていた人たちは別の刑務所へ送られました。数日後の朝早く、フランク一家、ファン・ペルス一家、フリッツ・プフェファーは、アムステルダム中央駅へ連れてゆかれました。列車が待っていました。ごく普通の列車でしたが、全てのドアにはかぎがかけられています。

アンネは、窓からはなれることができません。2年ぶりに、ようやく見る外の世界。刈り取られた麦畑、青々とした森、小さな村が飛ぶようにすぎてゆきます。列車は何時間か後、オランダ北東部ドレンテのヴェステルボルク収容所に到着しました。

通過収容所 ヴェステルボルク

隠れていた人たちは「犯罪者」に分類されました。男と女に分けられ、バラックと呼ばれる収容棟へ入れられました。そこは、収容所のなかでも隔離された場所で、警備は厳重。ほかの囚人と会うことも、家族や友人へ手紙を送ることも、小包を受け取ることも禁止です。それぞれの服や靴のかわりに、肩に赤い布がついた青いオーバーオールと木靴、男には帽子が与えられました。オーバーオールには、「ユダヤ人

ヴェステルボルク通過収容所の列車のそばでそれぞれの荷物を手にするユダヤ人たち　1943年

ヴェステルボルクの風景　107,000人のユダヤ人が収監され、東の強制収容所や絶滅収容所に列車で送られた。そのうち5,000人しか、戦後、生きてもどらなかった

(Jood)」と書かれた黄色い星がぬいつけられています。

ヴェステルボルクには、4,000人以上が収監されていました。エーディト、マルゴー、アンネは、毎日10時間、古いバッテリーを分解し、再利用する部品を取りだす仕事をさせられました。炭素棒とタールできたなくなるだけでなく、バッテリーのなかで乾燥した粉末が飛び散ります。3人ともその粉末をすいこみ、せきこみながら作業を続けました。

夕方の時間には、男と女が会うことが許されていました。アンネは父やペーターに会いました。戦争の最新のニュースも聞きました。8月25日、連合軍がパリを解放したというのです。オランダが解放されるのはいつ？

1944年9月2日。東ヨーロッパへ向けて翌日出発する列車に乗せられる人たちの名前が読みあげられました。《隠れ家》に隠れていた8人はじめ、犯罪者バラックに収監されていたほとんどの人たちがふくまれていました。1,000人以上の男も女も子どもたちも、ここをはなれる準備をしなければなりません。みんな、ヴェステルボルクが「通過」収容所であることを知っていました。

翌朝、囚人たちは、帽子、オーバーオール、木靴をぬぎ、それぞれ自分の服に着がえ、列車まで歩かされました。そこにあったのは、客車ではなく牛を運ぶための家畜用車両でした。各車両に、70人あまりの人たちと、2つの小さな樽が積みこまれます。樽のうち1つには飲み水が入れられ、もう1つは空っぽでトイレにするためのものです。オットー、エーディト、マルゴー、アンネは同じ車両に乗りました。ドアが閉じられ外から錠がかけられました。

これからどこへ行くのか。この旅がどれほど続くことになるのか、何ひとつわかりません。飲み

《隠れ家》にいた8人全員が、占領下ポーランドにあるアウシュヴィッツへ向かう列車に乗せられた。右は1944年9月3日に移送された人たちのリストの一部。フランク一家の名前が記されている（304〜307）

ヴェステルボルクとアウシュヴィッツを行き来した列車の標識「車両はひとつも切りはなさないこと。もとのままヴェステルボルクにもどすこと」と書かれている

水はたちまちなくなり、トイレ用の樽からのひどいにおいは、たえがたいものになりました。おおぜいがきつくつめこまれ、横にもなれないほど。列車が止まるたびに監視兵がやってきて、お金や宝石を盗んでゆきました。

オランダを走りぬける間、8人が決死の逃走を試みました。収容所の作業場からひそかに隠し持ってきたドリルとのこぎりで壁に穴を開け、線路へ飛びおりたのです。3人は重傷を負い病院に運ばれました。最終的には、そのうち7人が抵抗組織に助けられながら戦争を生きのびました。列車は走り続けます。

3日後、列車は突然止まりました。真夜中。ドアがおし開けられました。「外へ出ろ、早く、早くしろ！」青と灰色のしま模様の囚人服を着た男たちが、ドイツ語で叫びながらこん棒をふり回しています。監視役として働かされている囚人たち、カポです。プラットホームには、ドイツ兵たちが鞭を手に、大きな犬を連れています。アウシュヴィッツ=ビルケナウ強制収容所に到着したのです。これから、いったいどうなってしまうのでしょう？

1942－1944

ヴェステルボルク通過収容所から出発準備をする列車

1944年春、ヴェステルボルクから出発する列車のためにナチが制作したプロパガンダ映像のひとコマ。ロマとシンティ※250人がヴェステルボルクからアウシュヴィッツへ送られた。少女の名前はセッテラ・スタインバッハ、シンティの子どもだった。セッテラの父だけが、家族のうちでただひとり生きのびた

※ロマとシンティ…インドを起源にヨーロッパへ移住した民。かつてジプシーと呼ばれていた

アンネの死

強制・絶滅収容所
アウシュヴィッツ

　アウシュヴィッツ＝ビルケナウのプラットホームで、男と女が引きはなされ、5人1列に並ばされました。15歳以下の子どもは、男の子も母親と一緒に並びます。ナチの医師がチェックし、それをさらに左右にふり分けてゆきました。

女たち

　エーディト、マルゴー、アンネ、アウグステ・ファン・ペルスは、同じ側になりました。ほかの女たちと一緒に別の建物まで歩かされ、何時間も待たされた末、全ての持ち物をさしだし、服を脱がされました。それから登録。ひとりひとりの腕に番号が入れ墨で刻まれます。

　髪の毛を丸刈りにされ、シャワーを浴びせられます。ようやく水を飲むことができました。それが終わると手あたり次第にちぐはぐな服と靴が配られます。しま模様の囚人服は、もうとっくに出はらっていたのです。

　その後、木製の二段ベッドがずらりと並ぶ広い倉庫のようなバラックに入れられた女たちは、おそろしい事実を知らされるのでした。自分たちと反対側にふり分けられたユダヤ人は、男も女も子どもたちもガス室で死んでしまった、とい

ドイツ軍の兵士に命じられ、ハンガリー系ユダヤ人の荷物から貴重品を探す囚人たち
アウシュヴィッツにて　1944年5月～6月ごろ

ガス室へ向かわされるユダヤ人の母と子どもたち
アウシュヴィッツにて　1944年5月～6月ごろ

うのです。

ガス室は、天井に開閉できる孔がついた巨大な部屋。ナチはそこをシャワー室に見せかけてつくりました。天井の孔から細粒状になった毒（チクロンB）を投げこむと、それが空気にふれた瞬間、ガスに変わります。室内で人はごく短時間で死に、死体は巨大な窯で焼却されました。

新しくやってきた囚人たちは、この収容所のルールを学ぶために、アウシュヴィッツのなかにある特別な場所へ入れられました。収容所の幹部たちは、カポと呼ばれる囚人たちに新入りを監督させました。カポは野蛮で、仲間の囚人たちを容赦なくこん棒でなぐることもありました。新入りは毎日、草を刈ったり重い石を運んだりしなければならず、人数確認が行われる間もずっと気をつけの姿勢のまま何時間も立たされます。収容所の食事はひどいものでした。水みたいなスープ、小さなパン切れ。たまにほんの少しのマーガリンとソーセージ、うすいコーヒーがつきました。

苛酷な日々が続き、アンネとマルゴーは疥癬にかかってしまいました。ダニが皮膚に寄生し伝染し、かゆい発疹ができる病気です。ふたりは「疥癬バラック」へ移らなければなりません。感染の危険があるため、エーディトは入ることを許されませんでした。しかし、壁の下に穴を掘り、そこからパンをすべりこませ、ふたりの娘たちに届けようとしました。

定期的に「選別」が行われ、ナチの医師たちは、労働力として使えない病気の女たちをガス室へ送り、殺しました。

1944年10月末の選別で、エーディトはアウシュヴィッツに残り、アンネとマルゴー、アウグステは、別の強制収容所へ働きに送りだされることになりました。

解放後のベルゲン＝ベルゼン強制収容所の一区画。右奥の木製の建物がバラック

登録の後、髪の毛を丸刈りにされたユダヤ人の囚人たち　アウシュヴィッツにて　1944年5月～6月ごろ

ベルゲン＝ベルゼンのバラック内部

北へ　ベルゲン＝ベルゼン

何日間もせまい列車におしこまれ、凍てつく道を歩かされ、アンネたちはドイツ北部、ベルゲン＝ベルゼン強制収容所へたどり着きました。しかし、そこはすでに囚人であふれかえっていました。アンネたちは、はじめ大きなテントへ入れられましたが、数日後には嵐でなぎ倒されてしまいます。そこで、何百人もの女たちがきつく身体を寄せあうバラックに無理矢理おしこまれることになりました。

友だちとの再会

ベルゲン＝ベルゼンにはいくつかの区画があり、有刺鉄線でへだてられていました。

「星の収容区」と呼ばれる区画には、連合軍に引き渡すためのユダヤ人が入れられていました。そこに、アンネの親友ハンナがいました。ハンナはここベルゲン＝ベルゼンに、アンネもいることを聞きつけます。まさか。だって、アンネは、スイスへにげたはずなのに？

ある夕方、ハンナはアンネと話すことができました。ふたりは泣きました。有刺鉄線のそれぞれ別の側に立ち、おたがいの姿さえ見えないまま。アンネは、両親が死んだこと、食べる物もほとんどないことを話しました。ハンナは、彼女のために食べ物と服を探してきました。ハンナがその包みを有刺鉄線の向こうへ投げたときのことです。アンネの悲鳴が聞こえました。ほかのだれかが包みをつかんでにげてしまったのです。数日後、ハンナはもういちど別の包みを投げました。こんどはうまくいきました。

ユダヤ人学校のクラスメイトだったナニー・ブリッツもアンネと再会します。アンネは《隠れ家》のこと、アウシュヴィッツ経由でここへ連れてこられたことを話しました。やせ細り身体はシラミ

解放された囚人たち　ベルゲン＝ベルゼンにて　1945年4月

解放後のベルゲン＝ベルゼン強制収容所。ふたりのユダヤ人の子どもはチフスにかかっていたが、身体を洗われ清潔な服を与えられた

だらけで、毛布にくるまっていました。

マルゴーに続いてアンネがチフスで倒れました。チフスはシラミを介して広がる強い伝染性の病気です。ここに収監された何千人もの人たちがチフスに感染し、高熱と発疹、頭痛と吐き気に襲われ苦しみもだえました。

ラーヒェル・ファン・アーメローネンも、アンネのことをおぼえていました。チフスでおそろしくやつれて見えたと、戦後になって話しています。

アンネとマルゴーはいつも寒さでふるえていました。バラックのなかでも開け閉めが続くドアのすぐそばに横たわっていたからです。1945年2月、初めに逝ったのは、マルゴー・フランクでした。数日後、アンネ・フランクも死にました。

2月、アウグステはベルゲン＝ベルゼンからラグーンへ送られました。飛行機の部品工場で働かされる500人のうちに入れられてしまったのです。1945年4月、ラグーンの収容所のすぐそばまでアメリカ軍がせまってきたため、収容所の所長たちは撤退を決めました。全ての囚人たちが、テレジンシュタット強制収容所行きの列車に、食べ物も水もなしに乗せられました。その途上で、多くが死にました。アウグステ・ファン・ペルスもそのひとりでした。

男たち

アウシュヴィッツに到着した後、オットー、ヘルマンとペーター・ファン・ペルス、フリッツ・プフェファーは、収容所の外にある砂利採石場で働かされました。ヘルマンはそこで、手をケガしました。翌日、バラックに居残った彼は、選別された男たちと共に、行進させられてゆきました。1944年10月初め、ヘルマン・ファン・ペルスはガス室で殺されました。

フリッツはふたたび行われた選別で、ノイエンガンメ強制収容所へ送られました。仕事はひ

強制収容所を解放したイギリス軍兵士と話す連合軍のパラシュート兵ルイ・ボナガー。1941年、ドイツ占領地域でドイツ軍の兵士にとらえられ、ベルゲン＝ベルゼン強制収容所に収監されていた　1945年4月

ベルゲン＝ベルゼンを生きのびた人たち
ベルゲン＝ベルゼンでは、囚人は古い靴を分解し再利用するための仕事をさせられていた。膨大な靴の山のそばで　1945年4月

どい重労働で、1944年12月20日、フリッツ・プフェファーは疲労と病のために死にました。

ペーターは、アウシュヴィッツのなかにある郵便物集積所で働きました。小包のなかには、食べ物が入っていることもあったので、ペーターはそれをときどき盗みだし、オットーと分けあいました。

アウシュヴィッツにソ連軍がせまってきた1945年1月、看守たちは収容所の始末を始めました。証拠をなくすため書類をできるかぎり破棄し、ガス室も窯も爆破。なんとか歩くことができる囚人たちは、看守たちに追いたてられ、徒歩でこの場所からはなれなければなりませんでした。

オットーは診療所のバラックに入ったまま衰弱していました。オットーは、ペーターに、どこかに隠れてここにとどまるよう、説得を試みました。けれど、ペーターは行きました。必ず生きのびると確信していたのです。ソ連軍はすごい速さで前進してきました。ナチは残された病人たちを撃ち殺す間もなく、大あわてで走り去りました。

きびしい寒さと飢えのなか、長い道のりを行進させられ、ペーターはマウトハウゼン強制収容所に到着。そこから、メルク収容所へ送られ、戦車と飛行機の部品工場を地下に建設するために働かされました。事故が頻繁におきていました。はだしで働かされている人もいましたし、食事どころかパンさえ与えられなくなりました。

4月初め、ソ連軍が近づき、メルク収容所の看守たちは撤退し、病気になったペーターは、マウトハウゼンの診療所へ入れられました。そこは、ひとつのベッドに4人が横にならなければならないほどで、薬もありません。マウトハウゼン強制収容所が解放されたのは、5月5日。彼には、それは遅すぎました。解放から数日後の1945年5月10日、ペーター・ファン・ペルスは病気で衰弱して死にました。

ソ連軍がアウシュヴィッツに到着したのは、1945年1月27日。兵士たちは、そこでかろうじて生きのびていた7,000人もの囚人たちを見つけました。オットー・フランクもそのひとりでした。解放されたのち、オットーは、こう書きました。これは本当に奇跡なんだ。まだこうして、生きているなんて。

マウトハウゼン強制収容所の
ペーター・ファン・ペルスの登録カード。
表（上）には個人情報、裏（下）には収監されていた場所、
右下には職業「家具職人（Tischler）」と記されている

オットーの帰還と、アンネの日記

解放

オットー・フランクは自由の身になりました。彼が知りたかったのはただひとつ。エーディトは、マルゴーは、アンネは、生きている？ どこにいる？

アウシュヴィッツのプラットホームに到着して以来、オットーは彼女たちに会っていません。

1945年3月、オットーは800人あまりの生還者たちとオデッサへ旅立ちました。その途中、同じくアウシュヴィッツにいたローサ・デ・ウィンテルはオットーに、エーディトが収容所で死んだこと、マルゴーとアンネがそこから連れ去られていったことを話しました。

黒海に面したオデッサで、オランダ方面へ向かう船は1か月も出港を待たなければなりませんでした。その地で、オットーたちはドイツの降伏を知りました。

5月21日、オットーたちは船「モノウェイ号」でフランス、マルセイユへ向かいました。そこからオットーは、さらに陸路を進みます。ようやくオランダ、アムステルダムへ帰りついたのは、6月3日。

「ヒトラー死去」が一面に掲載されているアメリカ軍向けの新聞「星条旗新聞」
1945年5月2日

アウシュヴィッツ強制・絶滅収容所を解放したソ連軍の兵士と囚人たち　1945年1月27日

オットーはすぐさまヤンとミープを訪ねました。ふたりはとても喜び、それから一緒にエーディトの死を哀しみました。そしてヨハンネスとヴィクトルが戦争を生きのびたことを伝えました。

6月12日。オットーは、一日じゅうずっとアンネのことを考えずにはいられません。その日、彼女は16歳の誕生日をむかえるはずだったのですから。アンネは生きている？　マルゴーは？

オットーはアムステルダム中央駅へ通いつめ、収容所から帰還した人たちに、娘たちを見かけなかったかたずねてまわりました。赤十字のリストも確かめました。生還者が死者の名前に小さく十字の印をつけています。ある日、アンネとマルゴーのところに十字の印を見つけたオットーは、印をつけた人を探しました。ヤニーとリーンチェ・ブリレスレイペル姉妹でした。ふたりはオットーに伝えました。ベルゲン＝ベルゼンでアンネとマルゴーがチフスで死んだことを。

アンネの日記

オットーは、絶望しました。妻だけでなく子どもたちまで死んでしまったのです。マルゴーとアンネがもう帰ってこないと聞き、ミープはデスクの引きだしを開けました。そして、ずっとそこにしまってあったアンネの日記を、その全てを、アンネの父オットーに手渡しました。

オットーは、その日記をすぐに読むことはできませんでした。けれどひと月後、それを読み始めると夢中になりました。日記のなかには、我が娘アンネのまったく別の姿がありました。物事を深く考える真剣な一面が。アンネは《隠れ家》ですごしたときを的確に、そしてユーモアたっぷりに書きあげていました。

オットーは親族や友人たちのためにテキストの一部をタイプしました。これをどうすればいいのでしょう？　アンネ自身は、本として出版した

アウシュヴィッツから帰還して数か月後のオットー（中央）と、事務所で働き《隠れ家》を手助けした人たち
左からミープ・ヒース、ヨハンネス・クレイマン、ヴィクトル・クーフレル、ベップ・フォスキュイル　1945年

オットーとエルフリーデの結婚式の日に
1953年11月10日
左からヨハンネス・クレイマン、ヤン・ヒース、エルフリーデ・フランク、オットー・フランク、ヨハンナ・クレイマン、ミープ・ヒース

いと考えていました。オットーは、その望みをかなえよう、と決めます。

オットーの友人を通じて、原稿は著名な歴史家ヤンとアニー・ロメインの手に渡りました。そして、ヤンの記事が、新聞「ヘト・パロール」の一面に掲載されました。

「それを読み終えたのは夜のことだった。いま、ここには光が灯り、パンと紅茶がある。上空の爆撃機の轟音も、通りに響く兵士たちの行進の足音も、聞こえない。その事実に、私は大きな驚きと感動を覚えずにはいられなかった。いまや1年のときがすぎつつある、もはや存在しないあのころ。あの非現実的な世界へ、私は没頭したまま引きずりもどされていたのだ」

ほどなくして、コンタクト出版社からオットーに連絡がきました。1947年、戦争が終わってから2年、アンネの日記は、その望みどおり出版されることになりました。アニー・ロメインの序文がそえられ、初版は約3000部。数年後には、ドイツ語、フランス語、英語に翻訳されました。

アメリカで出版された本の序文は、エレノア・ルーズベルト、アメリカ合衆国大統領夫人によるものでした。

「これはひとりの若い女性によって書かれた驚くべき本です。若い人たちは真実を語ることをおそれません。これは戦争と戦争が人々にもたらしたものの克明な記録です。また、私が出会ったなかで、もっとも才気に満ちあふれ、強く心動かされたもののひとつです」

アメリカで舞台が上演され、その後、映画も公開され、アンネの日記は、世界じゅうで知られるようになりました。

やがて、オットーはアムステルダムにはもうこれ以上暮らせない、という想いに至りました。《隠れ家》にまつわる思い出がたくさんありすぎ

1954年、プリンセン運河通り263番地の建物を取りこわす計画があったが、保存・修復のための基金を募る運動のおかげで、表の建物も裏の《隠れ家》も救われた。ロブ・ウィツェル（左）とハンス・メーンケ（右）は《隠れ家》で一夜をすごし、物が盗みだされたりこわされたりするのを防いだ。アンネ・フランク・ハウスは、1960年5月3日オープンした

アンネ・フランク・ハウスが公式にオープンをむかえる数時間前《隠れ家》の屋根裏にたたずむオットー

たからです。「私はそれを直視することに、もう耐えられないのです」

1952年、オットーは母と妹レーニとその家族が暮らすスイスのバーゼルへ移り住みました。1年後、オットーはエルフリーデ・ガイリンガーと結婚。エルフリーデとその娘のエヴァもまた、アウシュヴィッツを生きのびていました。

アンネ・フランク・ハウス

オットーはその生涯をかけて、アンネの日記を広めることに力をつくしました。多くの人たちが、アンネが日記を書いたその場所を、この目で見たいと願うようになりました。基金がつくられ、《隠れ家》はミュージアムになりました。

アンネ・フランク・ハウスは、1960年5月3日その扉を開きました。オープニングセレモニーには、オットーも出席しました。涙をあふれさせ、彼はいいました。「どうか、私が言葉を失うことを、お許しください。この場所でおきたことへの想いは、私にとって、あまりにも大きすぎるのです」それから、皆の協力に短く、しかし心からの感謝を伝えました。

オットーとエルフリーデは、アンネの日記に深く心動かされた世界じゅうの読者から何千通もの手紙を受け取りました。オットーは、和解と人権のために身を捧げるというこのつとめは、アンネが自分に与えてくれたものだと感じていました。そして、それは自分だけでなく、みんなにも与えられたつとめでもあると、信じていました。彼はその死の直前1980年、こう書いています。

「いまあなたが置かれている状況のなかでできるかぎり、平和のために働けるよう、アンネの本が、これからもあなたの人生の支えになりますように」

アンネ・フランク・ハウスで開催された青年会議
1968年
世界じゅうから若者たちがアムステルダムに集まり、紛争、差別、偏見といった時事問題についてレクチャーを受けた。若者たちが、話しあいを通じて、自由や民主主義、平等な権利を広めてゆくことがオットーの願いだった

オットーとエルフリーデ
娘のエヴァ、その子どもたちと一緒に
バーゼルにて　1967年

アンネの友だち
エピローグ

　この本の初めに、アンネ・フランク10歳の誕生日パーティのときの写真がありました。アンネの友だちは、あれからどうなったのでしょう？

　ユールチェ・ケーテラッペルはユダヤ人でした。彼女は、両親と姉と一緒に1943年6月20日に逮捕され、7月6日、ヴェステルボルク通過収容所から絶滅収容所ソビブルに送られました。そこではオランダのユダヤ人34,000人以上が殺されました。1943年7月9日、両親と姉、ユールチェもガス室で殺されました。ちょうど15歳になったばかりでした。

　サンネ・レーデルマンもユダヤ人でした。両親と一緒に1943年6月20日に逮捕され、ヴェステルボルク通過収容所へ入れられました。サンネはそこで15歳になりました。1943年11月16日、一家はアウシュヴィッツ=ビルケナウへ送られました。1943年11月19日、両親とサンネは到着後すぐにガス室で殺されました。

　キティ・エヘディの両親は、ハンガリー出身のユダヤ人でした。キティも両親とヴェステルボルク通過収容所に入れられました。アンネと同じ時期でしたが、ふたりが出会うことはありませんでした。1944年9月4日、キティと両親はテレジンシュタット強制収容所行きの列車に乗せられましたが、収容所を生きのびました。戦後、キティは父と同じ歯科医になりました。

　マリー・ボスは、戦争が始まる少し前、両親と兄と一緒にニューヨークへ移住しました。父アリエもアメリカ人の母キャサリンもビリヤードのチャンピオンでした。父はユダヤ人でしたが、母はユダヤ人ではありませんでした。マリーは、その後もアメリカで暮らし続けました。

　マルタ・ファン・デン・ベルフ、イーチェ・スウィレンス、ルシー・ファン・ダイクは戦争の間ずっとアムステルダムにいました。マルタはユダヤ人が襲撃されるのを、その目で見ました。ルシーの両親はオランダ・ナチ党の党員で、彼女もその青年組織に入りましたが、ルシーと父は1942年に脱退しました。1944年から1945年の冬、占領下のオランダは「飢餓の冬」と呼ばれ20,000人以上が餓死しましたが、3人はその冬を生きのびます。戦後、ルシーは印刷所で働きました。マルタは物理学を勉強し、教師になりました。イーチェは職業訓練校で教えました。

　ハンナ・ホスラーは、ベルゲン=ベルゼン強制収容所を生きのびました。1945年、オランダへ帰りついたときの体重は35キロ。その後パレスチナ、現在のイスラエルへ移住し、ハンナは看護師になりました。しばしば学校を訪れ、親友アンネ・フランクのこと、ベルゲン=ベルゼンでの再会を語りました。自分は生きのび、アンネは生きのびられなかった。ハンナにとって、それは残酷な運命のねじれのように思えるのです。

Sources

<u>Anne Frank House</u> –
Anne Frank House. A Museum with a Story,
translated by Lorraine T. Miller, 1999
<u>Anne Frank House</u> –
'Ik vond haar direct heel bijzonder' ['I immediately thought she was very special'], interview with Hello Silberberg,
Anne Frank Magazine, 1998
<u>Anne Frank House / Annemarie de Leng</u> –
'Ik wil over Anne vertellen' ['I would like to talk about Anne'], interview with Hannah Pick-Goslar, Anne Frank Krant, 2015
<u>Anne Frank Stichting</u> (Eds.)
Anne Frank, Amsterdam: Keesing Boeken, 1979
<u>Blitz Konig, Nanette</u>
'Dat wij elkaar herkenden. Wij, twee skeletten' ['That we recognised each other. Two skeletons'], article in *NRC Handelsblad*, 18 April 2016
<u>Frank, Anne</u>
Original diary manuscripts, versions A and B, 1942 - 1944
<u>Frank, Anne</u>
Letter, 13 January 1941
<u>Frank, Anne</u>
Letter, April 1942
<u>Frank, Otto</u>
Detailed models of two floors of the Annexe, article in *Het Vrije Volk*, 24 May 1962
<u>Goldman Rubin, Susan</u>
Searching for Anne Frank: Letters from Amsterdam to Iowa,
New York: Harry N. Abrahams, 2003
<u>Kienzle, Birgit</u> (Director)
Lasst mich so sein wie ich will. Anne Frank [Let me be myself. Anne Frank], documentary, Südwestfunk, 1979
<u>Maarsen, van, Jacqueline</u>
Je beste vriendin Anne. Herinneringen aan de oorlog en een bijzondere vriendschap [Your best friend Anne. Memories of the war and a very special friendship], Amsterdam: Querido, 2011
<u>Romein, Jan</u>
Kinderstem [A child's voice], article in *Het Parool*, 3 April 1946
<u>Roosevelt, Eleanor</u>
Anne Frank: The Diary of a Young Girl, translated by B.M. Mooyaart-Doubleday, New York: Doubleday & Company, Inc., 1952
<u>Schnabel, Ernst</u>
Footsteps of Anne Frank, translated by Richard and Clara Winston, London: Southbank Publishing, 2015
<u>Winter-Levy, de, Rosa</u>
Aan de gaskamer ontsnapt! Het Satanswerk van de SS [Escape from the gas chamber! The satanic work of the SS], Doetinchem: Uitgevers-maatschappij "C. Misset", 1945
www.iisg.nl

Photo credits

t=top; b=bottom; l=left; r=right; c=centre
Akg Images / Bild AKG74216 – pg. 5r····
Akg Images / Bild AKG143325 – pg. 35r
Beeldbank WO2 / NIOD – pgs. 10··, 13···, 13····, 22t·, 22b·, 27l, 27r, 29l, 29r
bpk Bildagentur / Archiv Heinrich Hoffmann – pgs. 5l····, 29···, front cover cr
bpk Bildagentur / Deutsches Historisches Museum / Sebastian Ahlers – pg. 35l
Bundesarchiv / Friedrich Franz Bauer, Bild 152-01-28 – pg. 7··
Bundesarchiv / Bild B 285 Bild-04413 – pg. 27····
Bundesarchiv / Bild 183-R69919– pg. 29····
Bundesarchiv / Bild 146-1993-051-07 Wikimedia Commons CC-BY-SA 3.0 – pg. 30·
Diederik Schiebergen – pg. 28l
Dutch Red Cross – pg. 27···, 28r, 34
FOTO Aviodrome, Lelystad – pg. 19···
Gedenkstätte Haus der Wannsee-Konferenz – pg. 18·
Getty Images / ANNE FRANK FONDS, Basel – pg. 2
Getty Images / ©Arnold Newman † – pg. 37r
Getty Images / George Rodger – pg. 34·
Gunther Schwickert † – pg. 9··
Imperial War Museum – pgs. 31tr, 32l, 32r, 33l, 33r, 36··
Institut für Stadtgeschichte, Frankfurt-am-Main – pgs. 4··, 6·
Maria Austria Instituut / MAI – pgs. 21r··, 24l·, 24l··, 25l···, 25l····, 31···
Norbert Nagel / Wikimedia Commons CC-BY-SA 3.0 DE – pg. 32·
Photo Collection Anne Frank House, Amsterdam – pgs. 2·, 4l, 4r, 4·, 5l, 5r, 6l, 6r, 7l, 7r, 8l, 8cl, 8cr, 8r, 8·, 9c, 9r, 10l, 10r, 11l, 11r, 12l, 12M, 12r, 13l, 13r, 14l, 14r, 14·, 14t··, 14b··, 15l, 15r, 16l, 16r, 17··, 17··, 17l, 17r, 18··, 21···, 22··, 23··, 23···, 25, 26·, 30··, 35··, 36l, 36r, 36b·, 37··, 37····, front cover (tr, cr, bc, bl), back cover
Photo Collection Anne Frank House, Amsterdam / Allard Bovenberg – pg. 26··, front cover br
Photo Collection Anne Frank House, Amsterdam / P. Lust – pg. 26··
Photo Collection Anne Frank House, Amsterdam / C. Toala Olivares – pg. 39··
Photo Collection Anne Frank House, Amsterdam / Egbert van Zon – pg. 38l
Photofest, New York – pg. 18
Private Collection – pgs. 5···, 9l, 11·, 11····, 12·, 15···, 16·, 16··, 36·, 38r, back cover bl
Spaarnestad Photo – pg. 37l
United States Holocaust Memorial Museum – pgs. 13···, 31br
U.S. Navy Naval History and Heritage Command / U.S. Navy photograph C-5904 public domain – pg. 15····
United States Government / Wikimedia Commons CC BY-SA 3.0 – pg. 38.
The Wiener Library / courtesy of Ruth Wiener – pg. 31····
Yad Vashem / Auschwitz Album public domain – pgs. 28·, 30l, 30r, 31l

Illustrations

Collection Anne Frank House, Amsterdam / Huck Scarry – pgs. 19, 19····, 19l···, 20l, 20r, 20r··, 21l····, 21, 22, 23, 24, 24r··, 24r···, 25r···, 25r····, 26, front cover tl, cr, end papers
Collection Anne Frank House, Amsterdam / Joris Fiselier Infographics – pgs. 3··, 10·, 33··

The Anne Frank House has made every effort to identify the rightful claimants to the photographs in this book. If you believe nonetheless that your rights have not been honoured, please contact us. Some images from Wikimedia Commons, the media archive of Wikipedia and other agencies, have also been used. The abbreviation in the captions of these images and above stand for different types and versions of Creative Commons licences. The complete text of these
licences can found online at the following URLs:

creative commons

- CC BY-SA 3.0, Creative Commons Attribution-ShareAlike, version 3.0
  Unported: https://creativecommons.org/licenses/by-sa/3.0/
- CC BY-SA 3.0 DE, Creative Commons Attribution-ShareAlike, version 3.0
  Germany: https://creativecommons.org/licenses/by-sa/3.0/de/deed.en

Colophon

<u>Published and produced by</u>
The Anne Frank House
Copyright ©2017 Anne Frank Stichting, Amsterdam
<u>Text</u>
Anne Frank House (Menno Metselaar, Piet van Ledden)
<u>Project management</u>
Anne Frank House (Chantal d´Aulnis)
<u>Project coordination</u>
Anne Frank House (Eugenie Martens)
<u>Historical research and supervision</u>
Anne Frank House (Erika Prins, Gertjan Broek)
<u>Co-readers</u>
Janny van der Molen
Waltraud Hüsmert
Anne Frank House (Femke de Koning)
<u>Editing</u>
Mieke Sobering
<u>Final Edit</u>
Vos | seo tekst & web (with Ingrid Mersel)
<u>Photo research</u>
Anne Frank House (Karolien Stocking Korzen)
<u>Production support</u>
Anne Frank House (Erica Terpstra)
<u>Design & typesetting</u>
Joseph Plateau
<u>Translation</u>
NLtranslations.com
<u>Lithography</u>
Colorset
<u>Printing</u>
Booxs, 2017
<u>Binding</u>
Abbringh Bookbinders
<u>Paper</u>
Igepa (115 and 150 grams Lessebo Design Smooth white 1.2)
<u>Font</u>
American Typewriter
VAG Rounded

All rights reserved. No part of this publication may be reproduced, stored in a computerised database, or made public in any form or by any means, whether electronic or mechanical, by photocopying, recording or in any other way, without the prior written permission of the Anne Frank House. First edition, 2017 (in Dutch, English, German, French, Spanish, Italian and Portuguese)
ISBN/EAN: 978-90-8667-076-5

アンネのすべてが、
この1冊の本のなかにありましたか?
もちろん、そんなこと、ありえません。

また新しい質問を思いついた?
その答えは、
アンネ・フランク・ハウスのウェブサイト www.annefrank.org で見つかるかもしれません。
あるいは、アンネ・フランクについて書かれた本のなかにあるかもしれません。

それからアンネが書いたもっとも有名な日記、『アンネの日記』も読んでみて!

もしも、
あなたの質問の答えがどこにも見つからなかったら、
私たちに教えてください。
mijnvraag@annefrank.nl

アンネのこと、すべて

2018年11月　第1刷発行　　2018年12月　第2刷

編者 ……… アンネ・フランク・ハウス
訳者 ……… 小林エリカ
日本語版監修 ……… 石岡史子

アートディレクション ……… 緒方修一（laughin）

協力 ……… よねむら知子
　　　　　　野坂悦子

P22 ●, ●●●「」内は深町眞理子訳『アンネの日記 増補新訂版』P528, P188 より引用　©Mariko Fukamachi

Japanese translation right arranged
with Anne Frank House, Amsterdam,
the Netherlands through
Japan UNI Agency, Inc., Tokyo

発行者 ……… 長谷川 均
編集 ………… 小原解子
発行所 ……… 株式会社ポプラ社
　〒102-8519　東京都千代田区麹町 4-2-6
　住友不動産麹町ファーストビル　8・9F
　電話（編集）03-5877-8108　（営業）03-5877-8109
　ホームページ　www.poplar.co.jp
印刷 ……… 凸版印刷株式会社
製本 ……… 大村製本株式会社

落丁本・乱丁本はお取りかえいたします。
小社宛にご連絡下さい。電話 0120-666-553
受付時間は月〜金曜日、9:00〜17:00（祝日・休日をのぞく）。
●読者の皆様からのお便りをお待ちしております。いただいたお便りは、著者にお渡しいたします。●本書のコピー、スキャン、デジタル化等の無断複製は著作権法上での例外を除き禁じられています。●本書を代行業者等の第三者に依頼してスキャンやデジタル化することは、たとえ個人や家庭内での利用であっても著作権法上認められておりません。

Japanese Text ©Erika Kobayasi 2018
ISBN978-4-591-15993-4
N.D.C.289　39p　29cm　Printed in Japan
P4900225